AF395363

LE CODE BABYLONIEN D'HAMMOURABI.

EXTRAIT DU *JOURNAL DES SAVANTS*. — Octobre et Novembre 1902.

I

Parmi les trésors rapportés de Suse par la mission archéologique envoyée en Perse sous la direction de M. Morgan, se trouve un cylindre de pierre de 2 m. 25 de haut, portant un code écrit en caractères cunéiformes, publié par le roi Hammourabi, environ deux mille ans avant l'ère chrétienne. Ce code, fait pour Babylone, a été transporté à Suse et placé dans le palais de cette ville par un roi élamite, qui vivait environ neuf siècles après. C'est aujourd'hui le plus ancien monument législatif connu, et un des plus remarquables à tous égards. Il a été déchiffré et traduit par le père Scheil, le savant professeur d'assyriologie à l'École des hautes études, qui a bien voulu nous communiquer les épreuves de son travail. Le *Journal des Savants* ne pouvait se dispenser de rendre compte de cette admirable découverte.

En tête de l'inscription est un bas-relief représentant le dieu Šamaš, dieu des oracles et de la sagesse, instruisant Hammourabi, et le roi écoutant avec docilité. On lit ensuite un long préambule qui contient les noms et les titres du roi. Le monument se trouve ainsi daté et authentiqué.

La loi que nous avons sous les yeux comprenait environ 282 articles. Il y a sur la pierre une lacune de quatre colonnes, soit environ 40 articles, de 68 à 99. Il reste donc près de 250 articles, qui tous ont pu être déchiffrés et traduits. Quelques mots seulement ont paru douteux à la lecture, ou de sens incertain, mais le sens général de chaque disposition est parfaitement clair.

M. Dareste

C'est un code à la fois civil et criminel, où les matières se suivent non pas dans un ordre logique et systématique comme dans nos codes modernes, mais dans un arrangement assez arbitraire. Il prononce d'abord des peines contre les actes de sorcellerie [1], la corruption des témoins et la prévarication des juges; il traite ensuite des diverses espèces de vol (art. 5 à 25), de la condition des officiers et serviteurs du roi (art. 26 à 41) et de la culture des terres, vergers, etc. (art. 42 à 67). Après la lacune que nous avons signalée, viennent diverses séries de dispositions relatives aux rapports entre négociants et commis (art. 100 à 107), aux débits de boissons (art. 108 à 111), aux dettes en général, aux poursuites à exercer contre les débiteurs (112 à 121) et au contrat de dépôt (art. 122 à 127). Le législateur passe de là, sans transition, à l'organisation de la famille, au mariage, à la dot, aux successions et à l'adoption (art. 128 à 191). Il édicte ensuite un tarif des peines et indemnités pour coups et blessures (art. 192 à 214), puis définit les droits et obligations des médecins, des architectes et des bateliers (art. 215 à 240). Les 42 derniers articles traitent de tout ce qui concerne les animaux domestiques, le louage rural, les salaires des ouvriers et domestiques, enfin la discipline des esclaves (art. 241 à 282). Ces dispositions contiennent non seulement des lois proprement dites, mais encore des règlements de police et des tarifs. On n'y trouve pas, comme dans nos codes modernes, de principes généraux et abstraits. Elles analysent avec une grande exactitude les cas qui peuvent se présenter, elles commandent ce qui doit être fait dans chaque cas et sanctionnent leur commandement par une peine corporelle ou pécuniaire. C'est, comme on le voit, une œuvre d'un caractère essentiellement pratique et dont l'application ne devait pas offrir de grandes difficultés.

L'organisation judiciaire, la procédure civile et criminelle n'y sont décrites nulle part. On peut toutefois s'en faire une idée suffisante d'après les énonciations qui se rencontrent presque à chaque pas. Toute contestation devait être portée devant un tribunal non d'arbitres, mais de juges, rendant des décisions exécutoires. Les parties comparaissaient

[1] La sorcellerie, la magie étaient dans toute l'antiquité des crimes punis de mort. Ainsi chez les Égyptiens (Chabas, *Papyrus magique Harris*), chez les Hébreux (*Exode*, II, 18; *Lévitique*, XX, 27; *Deutéronome*, XVIII, 10-12), chez les Grecs (Platon, *Lois*, XI, 12; Démosthène, *C. Aristogiton*, 1, 79-80). A Rome la loi *Cornelia de Sicariis* contenait une disposition semblable (*Digeste*, XLVIII, 8, loi 13; *Institutes*, IV, 18, §. 5). Elle se trouvait déjà dans la Loi des XII tables : *qui malum carmen incantassit* (Cicéron, *De republica*, IV, 12); *qui fruges excantassit* (Pline, *Hist. nat.*, XXVIII, 2 et X, 17). Voir enfin la Loi salique, titre XIX, *De maleficiis*.

d'un commun accord ou sur citation et s'expliquaient oralement. Lorsqu'elles étaient contraires en fait, la preuve se faisait soit par écrit, soit par témoins. Nous savons que la formation des contrats était généralement constatée par des actes écrits sur des tablettes d'argile, dont une très grande quantité est parvenue jusqu'à nous et se trouve aujourd'hui dans nos bibliothèques et nos musées. Ces actes faisaient pleine foi de leur contenu. A leur défaut, on produisait des témoins qui déposaient avec serment. Ils pouvaient être discutés et reprochés, mais aux risques et périls de l'auteur des reproches. Toute tentative de corruption contre les témoins entraînait la perte du procès, et dans les affaires capitales toute attaque dirigée contre eux et non justifiée était punie de mort.

A défaut de preuve écrite ou de témoins, un moyen de preuve souvent admis et même prescrit par la loi était le serment. La loi indiquait précisément celle des parties qui devait prêter serment suivant les cas, et l'affirmation faite par cette partie était décisive. On ne voit nulle part que le serment fût prêté par d'autres que les parties. L'institution des cojureurs, si fréquente ailleurs, paraît avoir été inconnue à Babylone. Dans certains cas difficiles, on recourait à une ordalie. Ainsi, lorsqu'un homme avait jeté un sort sur un autre homme en le déclarant coupable d'un crime, le défendeur était plongé dans le fleuve. S'il allait au fond, il était reconnu coupable et ses biens confisqués; s'il surnageait, son innocence était attestée par la divinité du fleuve, et son accusateur était puni de mort [1]. Les biens de l'accusateur étaient, en ce cas, attribués à l'accusé. Telle était d'ailleurs la peine portée contre tout accusateur qui ne faisait pas la preuve du fait par lui dénoncé [2].

Le jugement était prononcé à l'audience, puis il en était dressé un acte écrit et scellé par le juge. Une fois rendu il était irrévocable. Si le juge supprimait sa décision, qui était conservée dans les archives, il était condamné à payer douze fois le montant de la condamnation supprimée. En outre, il était destitué et dégradé sans recours.

---

[1] L'ordalie de l'eau froide se rencontre partout, mais elle est quelquefois prise en sens inverse. A Babylone, l'homme qui surnage est réputé innocent, et les Germains l'entendaient ainsi lorsqu'ils exposaient sur le Rhin les enfants dont la légitimité était contestée (Claudien, *Contre Rufin*, livre II, 5, 112; Julien, *XVIe lettre à Maximin*). Dans l'Inde, au contraire, d'après le Code de Manou, l'inculpé n'est absous que s'il a pu rester sous l'eau un certain temps; s'il montre la tête il semble avoir été rejeté comme impur. Voir aussi en ce sens Hincmar, *De divortio Lotharii* (Migne, t. CXXV, p. 666), et Ducange, au mot *Aquæ frigidæ judicium*.

[2] En Égypte, la peine de l'accusateur convaincu de calomnie était le talion (Diodore, I, 67). Il en était de même chez les Hébreux (*Deutéronome*, XIX, 16-24 et Josèphe, *Antiq.*, IV, 8, § 15).

M. Dareste.

2

Il semble résulter des termes de la loi qu'en matière de crime l'action intentée par le plaignant, ou, dirions-nous aujourd'hui, par la partie civile, débutait par une imprécation, un anathème, qui se retournait contre le poursuivant lorsque l'accusation n'était pas prouvée. C'est, du reste, un usage qui se rencontre dans l'ancien droit criminel des Grecs. Il nous suffit d'indiquer ici ce rapprochement, qui mériterait d'être examiné à fond.

Il resterait à déterminer la valeur des prix et des amendes dont il est question dans le code. A proprement parler, la monnaie était inconnue à Babylone. On se servait, dans les échanges, d'un certain poids d'argent ou d'une certaine mesure de blé.

Le poids d'argent qui servait d'unité était la mine (environ 500 grammes). Le sicle était le soixantième de la mine et soixante mines faisaient un talent. Quant aux mesures employées pour le blé ou les surfaces, on n'a pas encore pu les évaluer avec certitude.

II

Nous pouvons maintenant étudier les dispositions les plus intéressantes du Code d'Hammourabi.

Le vol est, en général, puni de mort. Cette règle s'applique, notamment, lorsque le vol a pour objet le trésor conservé dans un temple ou dans le palais du roi[1]. Toutefois, si l'objet volé est un animal domestique ou une barque, le voleur peut se racheter en payant trente fois la valeur de cet objet si le vol a été commis au préjudice d'un temple ou du palais, et dix fois seulement s'il a été commis au préjudice d'un noble. Le recéleur est assimilé au voleur. Il en est de même de quiconque achète, du fils ou de l'esclave d'un autre, un objet quelconque, autrement que devant témoins ou par contrat écrit.

Si l'objet perdu ou volé se retrouve en main tierce, le maître de cet objet peut le revendiquer contre le tiers détenteur. Si celui-ci allègue pour sa défense qu'il a régulièrement acheté l'objet, il est tenu d'amener son vendeur et les témoins de l'achat. De son côté, le revendiquant amène ses témoins qui reconnaissent l'objet. Le juge apprécie. S'il donne gain de cause au revendiquant, celui-ci reprend sa chose et le défendeur obtient, contre son vendeur, la restitution du prix. Le vendeur est mis à mort comme voleur.

Il peut se faire que l'acheteur n'amène pas son vendeur ni ses témoins,

[1] Même peine dans l'Inde, Manou, IX, 270; en Égypte, Diodore, II, 28.

ou que le revendiquant n'amène pas ses témoins. Dans le premier cas, le tiers détenteur est mis à mort comme voleur. Dans le second cas, le revendiquant est puni de la même peine comme calomniateur.

Il peut se faire encore que le vendeur soit mort avant la revendication. En ce cas, l'acheteur est toujours obligé de restituer l'objet revendiqué, mais il a recours, au quintuple, sur les biens laissés par le vendeur. Si les témoins à amener sont éloignés, le juge peut accorder un délai, de six mois au plus, pour les amener[1].

Le vol d'un enfant, le vol ou le recel d'un esclave sont également punis de mort. L'esclave fugitif sera rendu à son maître, et la personne qui le ramènera recevra une prime de deux sicles d'argent. Si le maître est inconnu, on mettra l'esclave à la question. Si celui qui l'a arrêté l'a conduit et détenu dans sa propre maison, il est traité comme voleur; mais si l'esclave fugitif s'est échappé de cette maison, l'auteur de l'arrestation est acquitté sur son serment[2].

Lorsqu'un voleur était entré dans une maison en perçant un mur, on le tuait et on l'enterrait devant la brèche[3]. En cas de vol à main armée, si le coupable ne pouvait être saisi, le réclamant évaluait par serment les objets volés, et le canton tout entier était tenu de lui restituer cette valeur, plus une mine d'argent pour les personnes emmenées en captivité[4].

Enfin, si un vol était commis dans un incendie par une des personnes accourues pour éteindre le feu, le coupable était jeté dans le feu[5].

[1] La revendication des meubles est une des matières les plus intéressantes à étudier dans les anciennes législations. On peut rapprocher de la loi babylonienne les dispositions des *leges Barbarorum*, et, notamment, de la Loi salique (chap. XXXVII et XLVII).

[2] Les dispositions relatives aux esclaves fugitifs sont à peu près les mêmes partout. « Is qui fugitivum celavit fur est », dit Ulpien (*Digeste*, XI, 4, loi 1). Il y a une récompense légale pour qui ramène l'esclave, et celui qui est accusé de recel peut se justifier par serment (*Lex Burgundionum*, titre VI, *de fugitivis; Lex Bajuvariorum*, titre XII, cap. 9; *Lex Wisigothorum*, lib. IX, *de fugitivis*).

[3] Cet usage de tuer le voleur et de l'enterrer sur le lieu du crime se retrouve fréquemment dans les lois du moyen âge. Voir *Edictum Rotharis*, art. 370, et les textes cités d'après Ducange, par Grimm, *Rechtsalterthümer*, p. 686.

[4] La responsabilité du canton pour les meurtres commis sur son territoire se retrouve dans presque toutes les anciennes lois, par exemple chez les Hébreux, *Deutéronome*, XXI, 1-9; chez les Hindous, *Yajnavalkya*, livre II, art. 271-272; chez les Musulmans du rite malékite, Khâlil, art. 1835-1837; dans la Loi salique, 1ᵉʳ capitulaire annexe, $ 9 : *De hominem inter duas villas occisum*; j'en ai cité une foule d'exemples dans mes *Études d'histoire du droit*, 1889 et 1902.

[5] La *Lex Bajuvariorum*, XIV, 3, prévoit le même cas, dans les mêmes termes, mais prononce seulement la peine de la restitution au quadruple.

Comme on le voit, la loi babylonienne ne distingue pas entre le vol manifeste et le vol non manifeste. Elle ne parle pas non plus d'un droit de perquisition, attribué au réclamant, dans le domicile des voleurs présumés; mais la revendication des meubles perdus ou volés est réglementée avec une précision remarquable.

III

Nous passons maintenant à une série d'articles qui traitent de la condition des officiers et agents de l'autorité publique. C'étaient des fonctionnaires nommés par le roi et responsables envers lui. Leur traitement consistait dans la jouissance d'un champ et d'un verger fournis par le domaine royal, et formant une sorte de bénéfice qui ne pouvait être ni saisi, ni donné, ni vendu. A chaque bénéfice était attachée une certaine quantité de bétail. Par contre, les officiers étaient appelés à des services temporaires, tels que la garde des forteresses, et recevaient alors une solde en argent, en outre de la terre qui leur était concédée. En général, les officiers et agents exécutaient les ordres du roi.

L'officier était tenu d'exécuter ces ordres personnellement, sans pouvoir se substituer personne, sous peine de mort et de confiscation des biens. Quand il partait pour le service, il laissait son bien à son fils pour le conserver et en prendre soin, ou, si ce fils était mineur, à la mère de celui-ci, pour un tiers, à la charge de prendre soin du tout. A son retour il reprenait son bénéfice et le faisait valoir jusqu'à un nouvel appel. Dès son entrée au service il devait prendre soin de la terre concédée et la mettre en bon état de culture et de réparations. Si pendant trois années consécutives il négligeait de remplir ces obligations, son droit sur les biens concédés s'éteignait par prescription au profit du nouveau possesseur, sans que cette mutation de jouissance ou, si l'on veut, de propriété temporaire, portât aucune atteinte à l'inaliénabilité des biens concédés, lesquels devaient un jour faire retour au domaine de l'État. Ces biens étaient en dehors des biens personnels du fonctionnaire, qui en conservait la libre disposition. Tout travail fait par un tiers sur les biens concédés, et notamment tout travail de clôture, devait être remboursé par le fonctionnaire à son retour. Si le fonctionnaire était emmené en captivité par l'ennemi, il pouvait se racheter sur ses propres ressources. Au besoin, le temple du dieu et le palais du roi lui fournissaient des avances, mais il ne pouvait être rien pris sur les biens concédés pour effectuer le payement de la rançon.

Le bénéfice était si bien attaché à la personne du fonctionnaire que le gouverneur de la province ne pouvait le reprendre, pas plus qu'il ne pouvait retenir la solde. Toute infraction à cette défense entraînait peine de mort. De même, tout gouverneur ayant sous lui des collecteurs en titre ne pouvait leur interdire d'exercer leurs fonctions, ni leur substituer des mercenaires à sa dévotion, et cela encore à peine de mort.

IV

Les dispositions relatives à la culture des terres, à l'irrigation, à la pâture, à la plantation et à l'entretien des vergers forment, en quelque sorte, un tableau de l'économie rurale à Babylone. Nous continuons à relever les traits les plus importants.

Les terrains de culture étaient affermés pour un an ou pour trois ans. Le bailleur recevait, en général, la moitié ou le tiers des fruits, à moins que le loyer ne fût stipulé payable en argent. Le preneur était tenu de cultiver le terrain et de le rendre en fin de bail labouré, préparé, hersé et ensemencé. Si par sa faute il n'y avait fait venir aucune récolte, il devait une indemnité calculée d'après le rendement obtenu par le voisin. Si la récolte est détruite par cas fortuit, on distingue : ou bien le bailleur était déjà payé, et alors la perte est pour le fermier; ou bien le bailleur n'était pas encore payé, et alors la perte est supportée par les deux parties dans la proportion convenue pour le partage des fruits[1].

Le preneur peut sous-louer, sauf les droits du propriétaire, qui prélève sa part de fruits. Il peut aussi emprunter en engageant sa future récolte. En ce cas, si la récolte est emportée par une inondation, ou périt par sécheresse, le preneur est dispensé de payer une année d'intérêts. En cas ordinaire, le propriétaire prélève d'abord la part qui lui revient, d'après le bail; le prêteur se paye ensuite sur le blé et le sésame, et même sur le gourbi du métayer, pour le montant de sa créance, en intérêts d'abord, et ensuite en capital. Le blé ou le sésame sont pris par lui au taux fixé par un tarif établi par ordonnance du roi.

Le preneur est responsable de l'entretien et de la réparation des digues

---

[1] Les relations entre les propriétaires du sol et les colons, métayers ou fermiers, étaient réglées à Babylone par la loi qui, sans doute, ne faisait que confirmer d'anciennes coutumes. Les parties pouvaient bien déroger à ces dispositions, en retrancher ou en ajouter d'autres, mais la loi écrite avait pour elles l'avantage de rendre les contrats inutiles. On peut rapprocher de ce texte les contrats égyptiens, grecs et même romains, qui sont parvenus jusqu'à nous. Une étude de ce genre exigerait de longs développements. On doit donc se borner, ici, à en indiquer le sujet.

établies pour l'irrigation. Si les cultures voisines sont inondées et détruites par suite de sa négligence, il est tenu de réparer le dommage, et au besoin il est vendu, lui et tout ce qu'il possède. Tout dommage causé au voisin, soit par négligence dans la fermeture des rigoles, soit par fausse manœuvre des eaux, doit être réparé, soit dans la mesure du rendement ordinaire obtenu par le voisin, soit à raison d'une certaine quantité de blé par mesure de terrain inondé.

Tout délit de dépaissance sur le terrain d'autrui donne lieu à une indemnité semblable. Si c'est dans la saison où le pacage est interdit, le pâtre peut rester sur le terrain où il est entré avec son troupeau, mais à charge de payer une indemnité trois fois plus forte.

Les vergers et bois de palmiers sont soumis à une réglementation analogue. Le fait de couper un arbre dans le bois d'autrui est puni d'une amende d'une demi-mine d'argent au profit du propriétaire. Le cas où un champ était transformé en verger était l'objet d'une disposition spéciale. Le bail était alors une sorte d'emphytéose. Le premier avait quatre ans pour planter le terrain et attendre la croissance des arbres. La cinquième année il partageait les fruits avec le propriétaire, et les parts étaient égales, mais le propriétaire choisissait la sienne et en fixait l'emplacement. Si le preneur avait négligé de planter quelque partie du terrain, cette partie était mise dans son lot.

Si le champ à convertir en verger est en culture et si le preneur n'a pas exécuté le travail promis, le preneur rendra en fin de bail le terrain préparé pour la culture, et payera une indemnité par chaque année pendant laquelle le propriétaire sera privé de récolte. Cette indemnité sera calculée soit d'après le rendement normal du terrain voisin, soit à raison d'une certaine quantité de blé par chaque mesure de terrain. La récolte à venir du verger ou des dattiers peut, comme celle des terrains de culture, être donnée en antichrèse pour servir de gage à un emprunt.

L'homme qui prend à bail un verger en plein rapport partage la récolte avec le propriétaire. Il prend un tiers et le propriétaire deux tiers. S'il néglige l'exploitation et qu'en conséquence le revenu diminue, il doit une indemnité calculée d'après le rendement normal du fonds voisin ou en certain cas égale à une certaine quantité de blé par chaque mesure de terrain laissée sans culture.

La loi prévoit le cas où les loyers auraient été payés d'avance. En ce cas le preneur ne peut être expulsé qu'à charge, par le bailleur, de lui rendre une partie du fermage proportionnelle au temps qui restait à courir jusqu'au prochain terme.

V

Ici se présente la lacune dont nous avons déjà parlé. Elle comporte environ quarante articles. Un de ces articles perdus se retrouve très certainement dans un des fragments publiés par Bruno Meissner d'après des textes provenant de la bibliothèque d'Assurbanipal (fragment 5, § 1). Il s'agissait dans cet article d'un loyer de maison. Le texte est d'ailleurs trop mutilé pour qu'on puisse en tenter la restitution [1].

On peut donc admettre que le chapitre manquant traitait du louage de maisons.

Nous reprenons notre texte à l'article 100, qui traite des commerçants et des commis.

L'état des choses que ces dispositions supposent est celui-ci : Le commerce à Babylone, au temps d'Hammourabi, était entre les mains de riches capitalistes ou banquiers qui dirigeaient de haut leurs opérations. Tout le détail était fait par des agents ou commis, colporteurs, voyageurs, auxquels les grands négociants fournissaient une commandite ou des avances en argent ou en marchandises, une pacotille, avec ou sans intérêt. Pour obtenir cette avance ou cette ouverture de crédit, le commis était obligé par l'usage de consigner une certaine somme à la caisse du patron, jusqu'à règlement des comptes.

L'argent avancé par le patron et emporté par le commis était inscrit sur un registre, en capital et intérêt. Lors du règlement des comptes, toutes les opérations faites par le commis étaient relevées ; le commis rendait au patron toutes les avances que celui-ci lui avait fournies et retirait la consignation versée par lui-même. Qu'il eût fait, ou non, des affaires dans le pays où il s'était rendu, peu importait. Les avances devaient être restituées dans tous les cas. De même s'il avait fait de mauvaises affaires. Cette obligation ne cesse que dans le cas où le commis a été dépouillé en cours de route par l'ennemi, et où tout ce qu'il portait avec lui a été enlevé.

Si le commis a péri ou fait faillite et ne retire pas sa consignation, le patron la garde en dépôt et ne peut en faire emploi dans ses affaires.

En cas de contestation sur les avances reçues et les payements effectués, les parties comparaissent en justice, prêtent serment, et font entendre

---

[1] *Beiträge zur Assyriologie,* publié par Delitzsch et Haupt, t. III, Leipzig, 1898. — Les autres fragments publiés par Meissner reproduisent les articles 26, 30, 31, 32, 45, 46, 58, 66, 104, 105, 266 et 279 de notre loi.

leurs témoins. S'il y a condamnation, elle est du triple pour le commis
et du sextuple pour le patron.

VI

Les dispositions suivantes, sur les débits de boissons, paraissent se
rattacher aux précédentes. Les femmes qui tenaient ces débits n'étaient
probablement que des préposées exploitant pour le compte de gros
commerçants envers lesquels elles étaient comptables. Le prix des con-
sommations se payait en blé évalué d'après un tarif légal, et on consom-
mait à crédit, pour payer lors de la moisson. Le blé tenait lieu de petite
monnaie. Il était interdit à ces femmes d'exiger de l'argent, ce qui eût
été une gêne pour les consommateurs et un bénéfice pour elles, dans le
cas où le blé aurait baissé de valeur à l'époque de la moisson. Toute
infraction à cette disposition était punie de mort. La femme qui aura
commis cette faute, dit la loi, sera jetée à l'eau.

La tenue des tavernes était d'ailleurs assujettie à une police rigoureuse.
Si des rebelles, dit la loi, se réunissent dans une taverne et si la mar-
chande ne les arrête pas pour les amener au palais du roi, où ils seront
punis, elle sera elle-même punie de mort. L'entrée de ces établissements
était interdite aux femmes, et spécialement aux prêtresses non cloîtrées.
« Si une prêtresse qui ne demeure pas en cellule, dit la loi, ouvre la
porte d'une taverne et y entre pour boire, elle sera jetée au feu. »

VII

Si un homme se trouvant en voyage a remis à un autre de l'argent,
de l'or, des pierres précieuses pour les transporter dans un endroit déter-
miné, ce dernier est tenu de transporter et de livrer les objets à l'endroit
convenu. S'il se les approprie, il est cité en justice et condamné à payer
cinq fois la valeur de ces objets.

Le créancier de blé ou d'argent peut saisir la personne de son débiteur, mais il n'a pas le droit de pénétrer dans le grenier ou le magasin
de son débiteur pour y saisir du blé, à peine de restituer le blé saisi et
de perdre sa créance. Aucun autre créancier n'a le droit de saisir la personne du débiteur; toute saisie illégale est punie d'une amende d'un
tiers de mine d'argent [1].

[1] En général les anciennes lois n'au-
torisent l'exécution des créances que
sur la personne du débiteur et non sur
ses biens

La saisie de la personne n'est elle-
même permise qu'au créancier d'une
somme d'argent ou d'une certaine quantité de blé, dans les pays où le blé

Le débiteur saisi est emmené dans la maison du créancier, dont il devient pour un temps l'esclave de fait. S'il meurt de mort naturelle dans la maison du créancier, celui-ci ne doit aucune indemnité; mais s'il meurt de coups ou de misère, le créancier peut être cité en justice. Si le mort est un fils d'homme libre, on tuera le fils du créancier. Si c'est un esclave, le créancier payera au maître un tiers de mine d'argent et perdra sa créance. Le débiteur peut, pour se libérer, donner en servitude sa femme, son fils ou sa fille. Le créancier les possédera pendant trois années, mais la quatrième année il les mettra en liberté. Enfin le débiteur peut donner en servitude un esclave mâle ou femelle, et le créancier peut vendre cet esclave à un tiers sans que le débiteur puisse exercer aucune revendication. Toutefois, si le débiteur qui a donné sa servante en avait eu des enfants, il a le droit d'exercer le retrait si le créancier la vend à un tiers.

Ces derniers articles (114-119) ont un très grand intérêt. La mainmise du créancier sur le débiteur se trouve dans toutes les législations anciennes. A Babylone elle s'exerçait, comme on le voit, avec une rigueur extrême, et en même temps avec certains tempéraments qui se rapprochent de ceux qu'admet la loi mosaïque. Ainsi l'esclave hébreu ne pouvait servir plus de six ans et avait toujours le droit de se racheter. La loi voulait qu'il fût bien traité. S'il mourait sous les coups, son maître était déclaré coupable de meurtre, et s'il était estropié il devenait libre [1]. Mais ce qui est propre à Babylone, c'est cette singulière application du talion aux termes de laquelle, quand le créancier a fait mourir un fils de famille, il est frappé lui-même en la personne de son fils.

Il serait facile de multiplier les rapprochements entre la loi babylonienne et d'autres lois anciennes. Il faut toutefois prendre garde de les pousser trop loin. Ainsi à Rome la condition des *nexi*, des *addicti*, des *judicati*, des *redempti* est très différente de celle des fils de famille donnés *in mancipium*, tandis que la loi assyrienne ne semble faire aucune distinction.

VIII

Après la servitude pour dette, la loi babylonienne traite du contrat de dépôt.

La règle fondamentale en matière de dépôt est la restitution en nature

est considéré comme une monnaie. Il en était ainsi dans l'ancien droit romain et dans la plupart des lois barbares.

On peut consulter sur cette matière M. Collinet, *Études sur la saisie privée*, Paris, 1898. L'auteur cite *in extenso* un grand nombre de textes intéressants.

[1] *Exode*, xxi, 2; *Lévitique*, xxv.

de la chose déposée. Mais le blé ne peut guère être restitué en nature. Il est conservé forcément dans un grenier, confondu avec d'autres quantités de blé et ne peut être restitué qu'en une quantité égale. Il s'agit donc ici d'un dépôt irrégulier. De là certaines conséquences que le législateur assyrien a nettement aperçues. Il peut se faire, en effet, que le dépositaire ait pris du blé dans le tas, ou en ait vendu. En ce cas le déposant affirme par serment la quantité qu'il a déposée et le dépositaire lui rend non seulement ce qui reste du blé, mais encore la valeur du manquant. Si le déposant veut avoir pour son blé un magasin séparé, il doit être considéré comme locataire d'une grange, et payer un loyer qui est tarifé à tant la mesure.

Celui qui veut faire un dépôt ordinaire doit déclarer devant témoins tout ce qu'il dépose, et faire un contrat en forme, c'est-à-dire écrit et scellé, faute de quoi il n'a pas d'action en justice, tandis que l'acte écrit fait foi et oblige le dépositaire à rendre tout ce qu'il est déclaré avoir reçu.

Si la chose déposée périt chez le dépositaire par suite d'un vol commis avec percement d'un mur, ou à main armée, le dépositaire, quoiqu'il ait été lui-même victime du même vol, rendra intégralement la valeur du dépôt et dédommagera le déposant, sauf son recours contre le voleur. Quoique le déposant prétende avoir tout perdu, il n'en est pas moins tenu de donner par serment le compte de ce qui lui manque.

Ici se trouve un article isolé qui ne paraît guère à sa place. Il s'agit d'une diffamation ou dénonciation calomnieuse contre une prêtresse ou contre la femme d'un homme libre. Si le diffamateur n'a pas fait complètement sa preuve en justice, il sera amené devant le juge et on lui rasera le front[1].

IX

Nous arrivons maintenant à la partie de la loi qui est relative à la constitution de la famille. Elle forme une série, non interrompue, de 63 articles.

Le mariage est un contrat dont il doit être dressé acte, à peine de nullité. La future épouse est donnée par son père et généralement reçoit de lui un trousseau. Le futur époux lui constitue une dot. La monogamie est reconnue en principe, en ce sens que nul ne peut avoir plus d'une femme légitime. Si celle-ci ne donne pas d'enfants à son mari, ce

---

[1] Le front rasé était une marque d'infamie. De même dans l'Inde : *Manou*, VIII, 370-383. Pour un brahmane la tonsure remplaçait la peine de mort.

dernier peut prendre une concubine et l'introduire dans sa maison, mais sans lui donner un rang égal à celui de l'épouse. L'épouse peut aussi donner à son mari une servante, ainsi que dans la Genèse Abraham reçoit Agar des mains de Sara. Si cette servante donne le jour à des enfants, elle ne peut plus être vendue, et le maître ne peut plus prendre de concubine. Mais si elle prétend être la rivale de sa maîtresse, on lui fait une marque au front et elle redevient simple servante. Si l'épouse légitime devient infirme, le mari peut en épouser une autre, mais il ne peut renvoyer la première. Elle reste dans la maison et le mari est obligé de l'entretenir tant qu'elle vit; toutefois, s'il ne lui plaît pas de rester chez son mari, elle peut partir en emportant son trousseau.

L'épouse et la concubine peuvent être répudiées lorsqu'elles n'ont pas donné le jour à des enfants. Le mariage est alors dissous. La femme répudiée reprend son trousseau et sa dot, et, s'il n'y a pas eu de dot stipulée, elle reçoit une mine d'argent, ou un tiers de mine si le mari est un noble; mais le prix de la répudiation suppose que la femme répudiée n'est pas en faute. Si elle a une conduite désordonnée, si elle administre mal la maison et ruine son mari, celui-ci peut la citer en justice. S'il dit : « Je la répudie », il la laisse aller son chemin sans lui donner le prix de la répudiation. S'il dit : « Je ne la répudie pas », il la garde chez lui comme servante et peut épouser une autre femme.

La femme (épouse ou concubine) répudiée sans faute de sa part a la garde de ses enfants et reste chargée de leur éducation. Elle reçoit une part d'enfant sur les biens de son mari, et peut épouser qui elle veut.

La femme a aussi le droit de répudiation, mais dans une mesure plus restreinte. Si elle dit à son mari : « Tu ne me posséderas pas », le juge instruit l'affaire et décide. Si le mari est réellement en faute, elle retourne chez son père en emportant son trousseau. Si, au contraire, les torts sont du côté de la femme, elle est jetée à l'eau.

Si l'épouse est surprise en flagrant délit d'adultère, les deux coupables seront liés et jetés à l'eau, à moins que le mari ne fasse grâce à la femme et le roi à son sujet. Hors le cas de flagrant délit, la femme accusée d'adultère par son mari se justifie par son serment et peut retourner dans la maison de son père. S'il court sur elle de mauvais bruits, elle sera soumise à l'épreuve de l'eau, que nous avons déjà vu appliquer en cas d'accusation non prouvée. La loi prend soin de dire que si la femme est violée avant la consommation du mariage, le coupable est puni de mort, mais la femme est acquittée.

Lorsqu'un homme a été emmené en captivité par l'ennemi, s'il est resté dans la maison de quoi vivre, la femme ne peut aller demeurer ailleurs avec un autre ; elle sera citée en justice et jetée à l'eau ; mais s'il n'est pas resté de quoi vivre dans la maison, elle n'est pas coupable en allant demeurer chez un autre homme. Si elle a des enfants de cette nouvelle union, et que le mari revienne, elle retournera avec lui et laissera ses enfants à leur père.

Enfin le dernier cas prévu est celui de l'abandon volontaire : Si un homme quitte sa ville et s'enfuit, et si, lui parti, sa femme entre dans une autre maison, si cet homme revient et veut reprendre sa femme, celle-ci n'est pas obligée de retourner chez lui, parce que c'est lui qui a quitté la ville et a pris la fuite.

Ici se présente une série de dispositions pénales prises en vue de conserver la paix et la moralité dans la famille. Nous avons déjà parlé de la punition de l'adultère de la femme. Il y a d'autres crimes que la loi prévoit à cette place. La femme qui fait tuer son mari pour se donner à un autre homme est pendue. L'homme qui abuse de sa fille est chassé de la ville. S'il dort avec la femme de son fils, il est lié et jeté à l'eau ; s'il commet le même acte avec la fiancée de son fils, avant que le mariage convenu soit consommé, il paye à cette femme une demi-mine d'argent comme indemnité. Celle-ci reprend sa liberté et retourne chez son père avec le trousseau qu'elle avait déjà apporté. En cas d'inceste d'un fils avec sa mère, les deux coupables sont jetés au feu. Si le fils est pris en flagrant délit avec une autre femme dont son père a eu des enfants, il est chassé de la maison paternelle. La loi mosaïque contient à peu près les mêmes dispositions[1].

Les effets du mariage, quant aux biens, sont traités par la loi babylonienne de la façon la plus précise. On ne trouverait dans aucune ancienne loi des règles aussi simples, un système aussi logique, un ensemble aussi satisfaisant. On a déjà vu que la femme apporte de chez ses parents un trousseau, et que le mari lui constitue une dot. On va voir maintenant le développement de ces principes et l'influence qu'ils ont eue sur le règlement des successions.

La dot est constituée par acte écrit et scellé. Sa destination principale est d'assurer la subsistance de la femme quand elle aura perdu son mari. Les fils du mari ne peuvent donc rien réclamer d'elle lors du partage de la succession de leur père. La veuve garde alors sa dot et la transmet à ses enfants, ou à celui de ses enfants qu'elle préfère, mais elle ne peut la transmettre à ses frères parce que les biens doivent rester dans les familles et que les frères de la femme n'appartiennent pas à la famille du mari.

---

[1] *Lévitique*, XVIII, 7-29.

Pendant le mariage, la femme est déjà propriétaire de sa dot, de même que le mari est propriétaire de ses biens. Les dettes contractées antérieurement au mariage par l'un des époux ne peuvent être poursuivies après le mariage contre l'autre époux; mais si la dette résulte d'un contrat passé pendant le mariage par l'un d'eux, tous deux sont tenus, parce qu'ils sont considérés comme mandataires l'un de l'autre. Peu importent l'origine et la nature des biens, car les poursuites judiciaires s'exercent non sur les biens, mais sur les personnes.

Le sort de la constitution de dot est subordonné à la réalisation du mariage. Elle comprend ordinairement des objets mobiliers que le futur époux fait porter chez le père de la fiancée. Si le futur époux change d'avis et dit au père : « Je n'épouse pas ta fille », le père garde tous les objets mobiliers que cet homme a fait porter chez lui [1]. Le père peut aussi changer d'avis et dire au futur époux : « Je ne te donnerai pas ma fille », mais alors il doit rendre tout ce qui a été apporté chez lui. Si c'est une calomnie d'un tiers qui détermine le père à reprendre sa parole, le père rend encore tout ce qui a été porté chez lui, mais ne peut pas donner sa fille au tiers qui a calomnié.

La fille qui se marie reçoit de son père un trousseau et de son mari une dot. Elle en jouit pendant le mariage et jusqu'à sa mort. Après elle, le trousseau et la dot passent à ses enfants si elle en a, mais, si elle n'en a pas, le trousseau fait retour à la maison paternelle et la dot fait retour au mari, alors même qu'elle aurait été portée avant le mariage dans la maison du père de la fiancée et qu'elle y serait restée. Toutefois, la restitution du trousseau fait équilibre à la restitution de la dot. Si la dot n'est pas restituée, le mari impute le montant de sa créance sur le trousseau qu'il a entre les mains et ne restitue que le surplus. Cette disposition est très intéressante parce qu'elle montre que la valeur du trousseau était généralement supérieure à celle de la dot. Le trousseau était, à vrai dire, la représentation de la part de la fille dans la succession paternelle. Celle-ci appartenait exclusivement aux fils, qui la partageaient également. L'égalité ne pouvait être troublée par un testament du père, car les Babyloniens ne paraissent pas avoir connu le testament, mais elle pouvait l'être par une donation entre vifs faite à l'aîné, par acte écrit et scellé. Cette donation n'était pas soumise à rapport.

Dès que les fils étaient en âge, le père s'empressait de les marier en

[1] D'après la Loi salique, *Capitala extravagantia* A, 1 (Behrend, p. 119), le futur époux qui refuse d'exécuter la promesse de mariage doit payer aux parents de la jeune fille 62 *solidi* et demi, c'est-à-dire le *maximum* de la dot fixé par la coutume.

leur faisant un don à l'occasion du mariage. Si quelqu'un des fils n'était pas encore marié au moment du décès de son père, l'obligation de le marier et de le doter passait à ses frères déjà établis; la somme nécessaire était prélevée à cet effet sur toute la succession.

Lorsqu'un homme a épousé successivement deux femmes qui, toutes deux, sont décédées après lui avoir donné des enfants, chacun des deux groupes d'enfants prend le trousseau de sa mère, mais les biens mobiliers de la maison paternelle sont partagés également entre tous les enfants.

La puissance paternelle n'est pas absolue. Le père peut renier un de ses enfants, mais seulement sous le contrôle du juge, qui doit examiner ses raisons et n'approuve la mesure proposée que si le fils a commis une faute grave, et encore si c'est une première faute le père doit pardonner.

Le père peut assimiler à ses enfants légitimes ceux qu'il a eus d'une servante, en disant à ceux-ci : « Vous êtes mes enfants. » En ce cas, les biens mobiliers compris dans la succession sont partagés également entre tous; seulement, les enfants légitimes choisissent d'abord leur part. Si le père n'a pas ainsi légitimé les enfants de la servante, ceux-ci sont exclus du partage, mais ils sont affranchis, ainsi que leur mère.

L'épouse veuve reprend son trousseau et sa dot, et peut rester dans la maison de son mari défunt. Elle garde, sa vie durant, son trousseau et sa dot, mais sans pouvoir rien aliéner, et, après elle, le tout passe à ses enfants. Si elle préfère retourner chez son père, elle le peut, mais en abandonnant sa dot. Elle peut alors épouser qui elle voudra. Si elle se décide à rester dans la maison de son mari, elle prend dans la succession une part d'enfant. Si la vie commune devient insupportable, le juge instruit l'affaire, voit de quel côté est la faute et décide si la femme doit rester ou partir. Si elle contracte un nouveau mariage et qu'elle ait des enfants de ses deux maris, tous ses enfants se partagent son trousseau, mais, si elle n'a pas eu d'enfants du deuxième lit, ceux du premier lit prennent le trousseau pour eux seuls.

La veuve qui s'est retirée chez son père peut, avons-nous dit, épouser qui elle veut. Toutefois, si elle a des enfants en bas âge, elle doit provoquer l'intervention du juge, qui dresse un inventaire de la fortune du mari défunt et confie cette fortune au second mari et à sa femme avec interdiction absolue d'aliéner quoi que ce soit. La propriété appartient aux enfants du premier lit.

Une fille d'homme libre peut épouser un esclave du roi ou d'un noble. Les enfants qui naissent de cette union sont libres. La fille qui

contracte un pareil mariage peut apporter un trousseau donné par son
père. Ce trousseau reste sa propriété. Quand son mari vient à mourir,
elle reprend son trousseau et la moitié des acquêts, l'autre moitié reve-
nant au maître de l'esclave. C'est une véritable communauté. Si la fille
n'a pas apporté de trousseau, elle n'en prend pas moins la moitié des
acquêts.

Les articles suivants parlent des prêtressés ou femmes publiques.
Chez les Babyloniens, la jeune fille pouvait être donnée à un dieu, par
exemple au dieu de Babylone, Marduk, au temple duquel elle restait
attachée toute sa vie. Elle pouvait aussi être vouée à la prostitution pu
blique ou mise au service de quelque divinité comme vierge ou hiérodule. Ainsi établie, elle ne pouvait pas avoir d'enfant, mais elle était
indépendante comme l'hétaïre athénienne et jouissait de certains droits
que la loi définit avec soin. Le premier cas prévu est celui où le père a
donné à sa fille un trousseau, comme pour un mariage, avec ou sans
droit de donner les biens compris dans ce trousseau à qui elle voudrait,
selon le vœu de son cœur. Si ce droit d'aliéner est stipulé pour elle dans
l'acte, elle peut disposer de son trousseau, et ses frères ne peuvent rien
réclamer de ce chef contre sa succession. Dans le cas contraire, elle
prendra une part d'enfant dans la succession de son père, mais elle ne
pourra rien aliéner ni échanger. Cette part d'enfant appartient, en réa-
lité, à ses frères, et elle n'en a que la jouissance, sa vie durant; ses
frères l'administreront jusqu'à sa mort, en lui donnant du blé, de
l'huile, de la laine jusqu'à parfait contentement. A défaut de frères, elle
prendra un fermier. Son droit, comme on le voit, se réduit à un simple
usufruit ou à une propriété à temps.

Mais le père peut aussi, en faisant de sa fille une recluse ou une
femme publique, ne pas lui donner de trousseau. En ce cas, à la mort
de son père, elle prendra sur le mobilier de la succession une part d'enfant qu'elle gardera sa vie durant et qui, après elle, reviendra à ses
frères. Cette disposition nous fait bien comprendre la nature juridique
du trousseau, qui n'est autre chose que le prix moyennant lequel la fille
renonce à toute prétention sur la succession paternelle. En se mariant
ou en prenant un établissement, elle reçoit habituellement un trousseau
pour tous droits; mais si elle n'a reçu aucun trousseau, elle conserve
son droit à une part. Pour une hiérodule ou une vierge, cette part se
réduit au tiers d'une part d'enfant légitime. Pour une prêtresse de Marduk, cette part est aussi réduite au tiers, mais elle lui est remise en
toute propriété et elle peut en disposer comme bon lui semble, sans
que ses frères puissent rien réclamer.

Pour les filles de concubine, c'est-à-dire d'une femme de second rang, leur père est tenu de les marier, mais n'est pas obligé de leur fournir un trousseau, et elles ne prennent aucune part dans la succession paternelle. Si le père est mort avant d'avoir rempli cette obligation, ce sont ses frères qui doivent la donner à un mari et qui, à la différence du père, sont tenus de lui fournir un trousseau.

L'adoption d'un enfant en bas âge était chose fréquente chez les Babyloniens. L'adoptant prenait soin de l'enfant, lui donnait son nom, le traitait comme ses propres enfants et lui enseignait un métier. L'adoption ne pouvait du reste avoir lieu contre la volonté des père et mère naturels, à moins qu'il ne s'agît de l'enfant d'une personne à qui il est interdit d'en avoir, c'est-à-dire d'une femme publique ou de certains hôtes du palais du Roi.

Si l'adoptant n'a pas rempli ses obligations envers l'adopté, en lui enseignant un métier ou en le traitant comme ses propres enfants, l'adopté retourne chez son père naturel.

L'adoptant peut renier l'adopté, mais à la condition de lui donner le tiers d'une part d'enfant sur sa fortune mobilière [1].

L'adoption ne paraît avoir donné lieu à aucune cérémonie religieuse ou civile. La loi, du moins, n'en parle pas.

X

Les crimes et délits contre les personnes sont punis de peines très sévères, spécifiées dans les articles 192 à 214 [2].

Si le fils d'un de ces hôtes de la maison du Roi, auxquels il est interdit d'élever des enfants, ou le fils d'une femme publique, dit à son père adoptif ou à sa mère adoptive : « Tu n'es pas mon père, tu n'es pas ma mère », on lui coupera la langue [3]. Si, connaissant la maison de son père, il y retourne, dédaignant ses parents adoptifs, on lui crèvera les yeux.

[1] On peut rapprocher de cette disposition un article tout semblable de la loi de Gortyne. Voir *Inscriptions juridiques grecques*, t. Ier, p. 387.

[2] Chez les Hébreux, celui qui maudit ses ascendants est puni de mort (Exode, xxi, 17). Dans le Code de Manou (viii, 275) la peine est d'une simple amende, mais elle s'étend aux malédictions proférées non seulement contre le père et la mère, mais encore contre le fils, le frère et le père spirituel.

[3] Ce tarif criminel contient une série d'applications de la loi du talion. La loi mosaïque et les *leges Barbarorum* ont des tarifs semblables, quoique non identiques. Nous avons déjà signalé certaines dispositions originales de la loi babylonienne.

Si un fils confié à une nourrice meurt entre les mains de celle-ci, elle ne peut nourrir un autre enfant sans la permission des père et mère de l'enfant mort. Si elle le fait, on lui coupera les seins.

Si quelqu'un crève un œil à un homme libre, on lui crèvera un œil; si quelqu'un casse un membre à un homme libre, on lui cassera un membre. Si la victime est un noble, il payera une mine d'argent. Si c'est un esclave, l'amende sera la moitié du prix de l'esclave.

Si quelqu'un brise les dents d'un homme de même condition, on lui brisera les dents. Si la victime est un noble, il payera un tiers de mine d'argent.

Si quelqu'un frappe au cerveau un homme de même condition, il payera une mine d'argent. Si la victime est un noble, il payera dix sicles d'argent. Si c'est un homme de condition supérieure à la sienne, il recevra en public soixante-neuf coups de nerf de bœuf.

Si un esclave frappe au cerveau un homme libre, on lui coupera l'oreille.

Si, dans une querelle, quelqu'un frappe un autre homme et le blesse, et jure en disant : « Je l'ai frappé sans le savoir », il payera seulement le médecin. Si la victime meurt de sa blessure, il jurera encore et payera une demi-mine d'argent s'il s'agit d'un homme libre, et un tiers de mine d'argent s'il s'agit d'un noble.

Ainsi, en certains cas, l'amende est moins élevée lorsque la victime est noble. La loi admet sans doute que le dommage est plus grand lorsque la victime est un homme qui vit de son travail.

Si quelqu'un frappe une femme libre et la fait avorter, il payera dix sicles d'argent. Si cette femme meurt, on tuera la fille de celui qui l'a fait avorter. Nous avons déjà remarqué plus haut cette singulière application de la loi du talion. Si la femme qu'il a fait avorter par ses coups est la fille d'un noble, il payera cinq sicles d'argent, et si elle meurt, il payera un tiers de mine.

XI

Les neuf articles suivants contiennent un tarif du salaire des médecins et déterminent leur responsabilité. (Art. 214-224 [1].)

[1] En Égypte, le médecin qui commet une faute dans l'exercice de son art était puni de mort (Diodore, 1, 25 et 82). Le Code de Manou prononce une simple amende. La loi des Wisigoths, livre XI, titre Ier, *De medicis et egrotis*, se borne à priver le médecin de son salaire quand son malade meurt, et taxe à cinq *solidi* le prix d'une opération aux yeux.

Si un médecin traite quelqu'un pour une blessure grave, avec le poinçon de bronze, et le guérit, ou s'il ouvre avec le poinçon de bronze la plaie de quelqu'un et sauve l'œil, il recevra dix sicles d'argent; s'il s'agit d'un noble, cinq sicles d'argent, et s'il s'agit d'un esclave, deux sicles qui seront payés par le maître de l'esclave.

Ces honoraires peuvent paraître élevés, mais voici la contre-partie :

Si un médecin traite un homme d'une blessure grave avec le poinçon de bronze, et le tue, ou si avec le poinçon de bronze, il ouvre la plaie et crève l'œil, on lui coupera les mains. Si la victime est l'esclave d'un noble, le médecin rendra esclave pour esclave, et dans le cas d'un œil crevé, il payera la moitié du prix de l'esclave.

Si un médecin remet un membre cassé ou guérit la chair du ventre, le médecin recevra cinq sicles d'argent; s'il s'agit d'un noble, trois sicles d'argent, et s'il s'agit d'un esclave, le maître de cet esclave donnera au médecin deux sicles d'argent.

Le médecin qui traite un bœuf ou un âne d'une blessure grave, et le guérit, reçoit pour son salaire un sixième du prix de l'animal. Mais si l'animal meurt, le médecin paye au maître de l'animal un quart du prix de celui-ci.

Enfin si un médecin imprime à un esclave, sans la permission du maître, la marque d'esclave inaliénable, on lui coupe les mains. S'il a agi par erreur, il jurera qu'il a été trompé, et sera quitte. Mais le trompeur sera mis à mort et enterré dans sa maison.

XII

Après les médecins viennent les architectes. (Art. 228-233.)

Si un architecte construit une maison pour quelqu'un et la livre en bon état, il reçoit pour son salaire deux sicles d'argent par mesure de surface (*sar*).

Si la maison n'est pas solide, s'écroule et tue le propriétaire, l'archi-tecte est puni de mort. Si elle tue le fils du propriétaire, on tuera le fils de l'architecte. Si elle tue un esclave du propriétaire, l'architecte rendra esclave pour esclave. Si elle endommage ou détruit le mobilier du pro-priétaire, l'architecte devra réparer le dommage. Dans tous les cas, il relèvera à ses frais la maison écroulée.

Si un architecte ayant construit une maison pour quelqu'un n'a pas donné à un mur une épaisseur suffisante, et que ce mur s'ébranle, l'architecte affermira le mur à ses frais.

XIII

Les bateliers sont soumis à des dispositions analogues. (Art. 234-240.)

Pour calfatage d'une barque d'un *gur* de capacité, le salaire est de deux sicles d'argent. Si le travail est mal fait et si le défaut se révèle dans l'année, le batelier fera la réparation et rendra la barque en bon état.

Si le batelier qui a pris une barque à louage la conduit mal, la coule et la perd, il en payera la valeur au propriétaire. Il devra en outre la valeur de la cargaison perdue.

Si un batelier, ayant coulé le bateau de quelqu'un, renfloue ensuite ce bateau, il payera en argent la moitié du prix.

Le salaire d'un batelier qui loue ses services à l'année est de six *gur* de blé par an.

En cas d'abordage, le propriétaire du bateau coulé calculera devant Dieu (sous la foi du serment) la valeur du chargement qui a péri, et le propriétaire de l'autre navire l'indemnisera tant pour le bateau que pour le chargement.

XIV

Voici maintenant un tarif pour les animaux domestiques, location et indemnités :

Si quelqu'un prend par force le bœuf d'un autre et le fait travailler pour lui, il payera un tiers de mine d'argent.

Pour un bœuf de labour loué à l'année, le prix est de quatre *gur* de blé, et de trois *gur* pour un bœuf de somme.

Si le bœuf ou l'âne pris à louage est tué dans les champs par un lion, le dommage est pour le propriétaire.

Si un bœuf pris à louage meurt par défaut de soins ou par suite de mauvais traitements, le preneur rendra au propriétaire bœuf pour bœuf.

Si le preneur a crevé un œil au bœuf, il rendra au propriétaire la moitié de la valeur de l'animal. S'il lui a brisé une corne, coupé la queue ou tranché le dessus du museau, il payera le quart du prix.

Si le bœuf meurt par accident, le preneur affirmera le fait par serment et sera quitte.

Si un bœuf furieux s'est emporté, s'est jeté sur un homme et l'a tué, il n'y a lieu à aucune indemnité de ce chef. Mais si le propriétaire, connaissant le vice de l'animal, ne lui a pas rogné les cornes ni mis des entraves, il payera une demi-mine d'argent et, s'il s'agit d'un esclave, un tiers de mine.

Si un homme a confié son champ à un colon, avec des bœufs pour le labourer, si ce colon a dérobé de la semence ou des plants et qu'on les trouve entre ses mains, on lui coupera les mains. S'il accable les bœufs, il perd sa part de fruits. S'il donne à louage les bœufs du propriétaire, vole la semence et ne fait pas produire la terre, il sera poursuivi en justice et paiera par cent *gan* soixante *gur* de blé. S'il est insolvable et que le chef du canton refuse de payer pour lui, il sera expulsé.

Le prix des services d'un *AK-šU* est de huit *gur* de blé par an, celui d'un *ŠA-GUD* de six *gur* de blé par an [1].

Pour vol d'une sakieh dans les champs, l'amende est de cinq sicles d'argent. Pour vol d'une chadouf, elle est de trois sicles [2].

Le salaire annuel d'un pâtre loué pour paître les bœufs et les moutons est de huit *gur* de blé.

Si le berger perd un bœuf ou un mouton, il rendra bœuf pour bœuf et mouton pour mouton. — Il s'agit ici, comme on le voit, d'un véritable cheptel de fer tel qu'il est décrit dans l'article 1821 du Code civil français. — La part du bailleur dans les profits et dans le croît est réglée par la convention, laquelle doit être observée quelle que soit la diminution qui peut être survenue dans le nombre des têtes de bétail ou dans la reproduction, après, toutefois, prélèvement par le preneur du salaire entier qui lui est dû.

Si un berger à qui on a confié bœufs et moutons pour la pâture a commis des fraudes, violé les conventions et vendu des bêtes du troupeau, il sera cité en justice et restituera dix fois tout ce qu'il a dérobé.

Le dommage par cas fortuit, par exemple dans le cas où un lion ravage l'étable, est à la charge du bailleur. Mais le preneur qui allègue le cas fortuit est tenu d'en faire la preuve par son serment. C'est à peu près la disposition des articles 1808 et 1810 du Code civil.

S'il se trouve une brèche dans l'étable, le berger la réparera et mettra le troupeau en état avant de le rendre. (Voir l'art. 1817 du Code civil.)

---

[1] L'akšu et le šagud sont des ouvriers agricoles qui louent leurs services à l'année. On n'est pas encore fixé sur le sens précis de ces deux mots. Le P. Scheil soupçonne, d'après les idéogrammes, que le premier est un moissonneur et le second un batteur sur l'aire, au moyen de bœufs. Mais comment expliquer que des ouvriers de ce genre soient engagés et payés à l'année?

[2] La sakieh et la chadouf sont des machines à arroser. La première est une roue avec chapelet de vases, à traction animale. La seconde est un levier avec un seau, qu'un homme fait manœuvrer.

Tarif du louage des animaux de travail, et des ouvriers pour le port des fardeaux :

Un bœuf pour fouler le blé, 20 *qâ* de blé.

Un âne pour fouler le blé, 10 *qâ*.

Un ânon, 1 *qâ*.

Un chariot à bœufs avec le conducteur, par jour, 4/5 de *gur* de blé.

Un chariot à bœufs qui sera conduit par le preneur, 4/30 de *gur* de blé, par jour.

Travail d'un journalier pendant les cinq premiers mois de l'année, 6 *sè* d'argent par jour; pendant les sept derniers mois, 5 *sè* d'argent par jour [1].

Salaire des artisans :

Briquetier, 5 *sè* d'argent par jour.

Tailleur d'habits, 5.

Charpentier,...

Maçon, ...

Un commis pour acheter, 3 *sè*.

Un commis pour vendre, 2 et 1/2 *sè*.

Louage d'un bateau de la contenance de un *gur* de blé, 1/6 de sicle d'argent par jour.

Vente et louage des esclaves :

Si quelqu'un a pris à louage un esclave mâle ou femelle qui ne puisse achever son temps, pour cause d'infirmités, le contrat est résolu. Le bailleur reprend l'esclave et le preneur reprend son argent.

Si l'acheteur d'un esclave mâle ou femelle élève des réclamations au sujet de cet esclave, le vendeur y fera droit, par exemple, s'il y a vice rédhibitoire. Si quelqu'un achète hors du royaume un esclave mâle ou femelle, et qu'une fois rentré dans le royaume le propriétaire de cet esclave reconnaisse son bien; si cet esclave est un indigène, il sera remis dans sa première condition sans indemnité pour l'acheteur; si au contraire l'esclave est étranger, l'acheteur jurera devant Dieu qu'il en a payé le prix, et l'ancien maître de l'esclave ne pourra reprendre celui-ci qu'à la condition de rendre à l'acheteur ses déboursés.

Le dernier article de la loi est une menace pour l'esclave. S'il dit à son maître : « Tu n'es pas mon maître », il sera conduit en justice et le maître lui coupera une oreille.

---

[1] Le *sè* est une pièce d'argent, d'un poids minime. On n'en connaît pas la valeur exacte.

XV

Le code que nous venons d'analyser a été en vigueur à **Babylone** et dans tout le royaume pendant de longs siècles. Il durait encore au temps d'Assurbanipal, qui régnait à Ninive plus de mille ans après Hammourabi. C'est à cette époque que remontent les fragments retrouvés dans la bibliothèque d'Assurbanipal et publiés pour la première fois par Rawlinson en 1866. Ces fragments contiennent des formules empruntées au Code d'Hammourabi et traduites dans l'ancienne langue du pays, c'est-à-dire en sumérien, avec un mot à mot assyrien en regard. On voit d'ailleurs ces formules employées dans les innombrables actes assyriens que nous possédons, et dont l'explication sera bien plus facile, puisqu'ils pourront être rapprochés du texte légal[1]. Lorsque tous ces actes auront été déchiffrés et publiés, on pourra se faire une idée exacte et complète du droit alors en vigueur, non plus seulement d'après la loi, mais encore d'après la pratique. Au point où sont parvenues les études assyriologiques, on peut espérer que ce travail sera promptement conduit à bonne fin.

Les fragments sumériens de la bibliothèque d'Assurbanipal ne sont pas puisés seulement dans le Code d'Hammourabi. Ils contiennent en outre quelques traits qui ne se retrouvent pas dans ce code et qui sont sans doute empruntés à des lois postérieures ou à des coutumes nées à côté de la loi. On y voit que l'esclave peut toujours se racheter à prix d'argent. L'esclave fugitif qui, de gré ou de force, revient dans la maison de son maître, est marqué sous la plante des pieds et chargé de fers.

L'intérêt du blé ou de l'argent était fixé à un cinquième du capital et se capitalisait à l'échéance. Le cohéritier qui refuse de partager la succession renonce par là même à sa part héréditaire. La justice doit être tempérée par l'équité. A qui n'écoute pas la conscience, le juge ne fera pas droit.

L'histoire d'un enfant trouvé, arraché à la mort par un homme qui l'adopte, lui donne une nourrice et surveille son éducation, puis, renié par son père adoptif, découvrant sa véritable filiation et retrouvant son père naturel et ses frères, paraît être la mise en action des règles prescrites par le code. Il y est aussi parlé de l'appel porté devant le roi contre la sentence d'un juge. Enfin la condition de la femme répudiée pour adul-

---

[1] Ces travaux sont épars dans un grand nombre de recueils périodiques. Nous ne citerons que deux livres : les *Documents juridiques de la Syrie et de la Chaldée* par MM. Oppert et Ménant (1877), et Bruno Meissner, *Beiträge zum altbabylonischen Privatrecht*, 1893.

tère est décrite avec de sombres couleurs. Son mari lui attache un signe sur la poitrine et la chasse de sa maison. Il ne la reprendra jamais. Elle pourra errer seule à travers les rues de la ville et se livrer à la fornication. Le juge la forcera de rester dehors, exposée à la pluie, et le serpent dans la rue la mordra. Son père et sa mère ne la reconnaîtront pas. La peine prononcée contre elle ne lui sera jamais remise.

XVI

La loi d'Hammourabi, avons-nous dit, est de beaucoup le plus ancien texte législatif connu. Moïse a vécu cinq siècles plus tard. La loi de Gortyne n'est guère plus ancienne que le ve siècle avant notre ère. Quant à la loi de Manou, qu'on avait crue d'abord remonter au xve siècle avant notre ère, les indianistes paraissent aujourd'hui d'accord pour la placer tout au plus au xie siècle. La première rédaction du Code chinois est de la même époque. Le seul code de l'antiquité qui pût être contemporain de celui d'Hammourabi est le Code égyptien qui, au témoïgnage de Diodore, était composé de huit livres, conservés dans le palais où siégeait le tribunal suprême des Pharaons. C'est malheureusement tout ce que nous savons.

Cette perte est-elle irréparable? Notre siècle, où l'on retrouve tant de choses, ne découvrira-t-il pas le précieux papyrus de la loi pharaonique? Quoi qu'il en soit, ce point de comparaison nous manque absolument. Le seul qui nous reste est la loi mosaïque, qui admet le talion à peu près dans les mêmes termes et contient sur la constitution de la famille quelques dispositions analogues. Ces matières sont aussi traitées dans la loi de Gortyne et dans les lois plus récentes. Mais ce qui distingue surtout la loi babylonienne, c'est l'étendue et l'importance des dispositions relatives à l'agriculture, au louage des terres et des maisons, au louage d'ouvrage et à l'industrie sous toutes ses formes. Aucune autre loi ancienne ne fournit sur ce sujet des renseignements aussi complets et aussi précieux.

R. DARESTE.